A. DIEUDONNÉ

LA THÉORIE DE LA MONNAIE
A L'ÉPOQUE
FÉODALE ET ROYALE

D'APRÈS DEUX LIVRES NOUVEAUX

Extrait de la *Revue numismatique*, 1909, p. 90.

PARIS
CHEZ C. ROLLIN ET FEUARDENT
4, rue de Louvois, 4

1909

A. DIEUDONNÉ

LA THÉORIE DE LA MONNAIE À L'ÉPOQUE FÉODALE ET ROYALE

D'APRÈS DEUX LIVRES NOUVEAUX

Extrait de la *REVUE NUMISMATIQUE*, 1909, p. 90.

PARIS
CHEZ C. ROLLIN ET FEUARDENT
4, RUE DE LOUVOIS, 4

1909

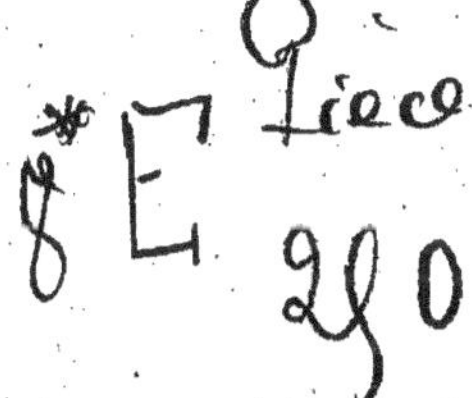

MACON, PROTAT FRÈRES, IMPRIMEURS

LA THÉORIE DE LA MONNAIE

A

L'ÉPOQUE FÉODALE ET ROYALE

D'APRÈS DEUX LIVRES NOUVEAUX [1]

Deux ouvrages nouveaux ont paru, un gros volume et une dissertation de 70 pages, qui ont pour terrain commun la théorie de la monnaie à l'époque féodale. M. Bridrey, à la vérité, parle de beaucoup d'autres choses, il étudie Nicole Oresme, son rôle et ses écrits, mais nous nous placerons au point de vue numismatique, qui est le même que celui du livre de M. Babelon, à condition de suivre dans la monnaie royale l'influence du régime monétaire féodal jusqu'à Charles V.

Les caractères distinctifs que reconnaît M. Bridrey à la monnaie féodale peuvent se formuler dans les propositions suivantes :

1° La monnaie féodale est « la chose du prince ». Il peut interdire sur son domaine la circulation de tout numéraire autre que le sien ; il peut, pour frapper sa monnaie à l'heure choisie par lui et sans contrôle, requérir à son gré, en vaisselle, lingots ou espèces, le métal possédé par ses sujets ; de sa monnaie comme de ses autres propriétés, il peut tirer

1. E. Bridrey. *La théorie de la monnaie au XVe siècle. Nicole Oresme, étude d'histoire des doctrines et des faits économiques.* Paris, Giard, 1906, 736 p. gr. in-8°. — E. Babelon, *La théorie féodale de la monnaie*, dans *Mémoires de l'Académie des Inscriptions et Belles-Lettres*, t. XXXVIII, 1re partie, 1908, 73 p. in-4°.

profit en changeant à son gré le titre, le poids, la valeur de cours, et c'est ce qu'on appelle les « mutations ». La conception monétaire du moyen âge est celle de la *monnaie domaniale.*

M. Bridrey n'affirme pas que la monnaie fût domaniale par essence, mais que pour ceux qui possédaient le droit de monnaie elle revêtait cette forme. Seulement il ne s'explique pas sur l'importante question des origines. Il ne pense qu'à la prérogative domaniale quand il nous dit que, « si tous les seigneurs souverains n'ont pas arboré le droit de battre monnaie, c'est qu'une monnaie n'a de raison d'être, et surtout n'est profitable, qu'à la condition de pouvoir circuler dans une région assez étendue » [1] : en quoi il résout une question de principe par une réponse de fait. Si tous les domaniers s'étaient cru le droit de frapper monnaie, on les verrait sinon l'exercer continuellement, du moins le réserver de temps à autre ; c'est ainsi que tel comte, telle abbaye qui avait frappé monnaie et qui y avait renoncé parce qu'il n'y avait plus de bénéfice à en retirer, réservait son droit en face des prétentions royales. De la part des petits domaniers, rien de pareil.

M. Bridrey ajoute, il est vrai : « La monnaie est chose domaniale, non pas que tous les domaniers aient eu droit de monnaie, mais en réalité le roi ou, par concession, des ayants cause du droit régalien : comtes, évêques ou villes » [2]. Voilà la vérité, mais il fallait insister là-dessus. Qu'est-ce que ce droit régalien que nous cite M. Bridrey dans une simple note ou parenthèse ? Qu'est-ce que ces ayants cause ? M. Babelon a été mieux avisé en débutant par l'exposé de la conception régalienne.

La monnaie féodale est sortie de la monnaie carolingienne,

1. Bridrey, p. 119.
2. Bridrey, p. 102, n. 2.

laquelle se présentait en droit, après la période d'anarchie mérovingienne, comme une restauration de la monnaie romaine. On peut déjà dire de l'empereur romain qu'il impose sa monnaie à tous et interdit à quiconque d'en fabriquer, mais c'est parce qu'il incarne l'État dans sa personne et parce que les lois qui consacrent la majesté impériale donnent à sa monnaie un caractère sacré. Ce caractère religieux que la monnaie tient du passé s'efface au temps de Constantin, mais sa nature universelle, d'institution d'État, régalienne enfin, ressort alors en pleine évidence, et c'est la monnaie régalienne que ressuscite l'empereur franc. Sous Charles le Chauve, elle commence à se démembrer, mais ceux qui retinrent une part du droit, ou bien avaient été — comme les comtes — officiers de l'empereur chargés de surveiller sa monnaie, ou bien avaient reçu de lui — comme les églises — un privilège de participation aux bénéfices monétaires qu'ils transformèrent en droit de frappe ; par la suite ceux qui avaient purement et simplement usurpé la prérogative, se forgèrent des titres analogues [1].

Le caractère régalien de la monnaie nous paraît persister beaucoup plus qu'on ne croirait dans les dissertations des érudits du moyen âge. Quand saint Thomas écrit que la monnaie (*nomisma*) s'appelle ainsi du *nom* du prince [2], que l'image du prince qui y est empreinte atteste sa propriété, n'est-ce pas la théorie même de la monnaie impériale et césarienne qui s'échafaude sur une étymologie hasardée et sur le texte bien connu de l'Écriture ? [3] — Théorie du droit

1. Cf. E. Babelon et *L'œuvre d'A. de Barthélemy*, dans *Rev. num.*, 1904, p. 453.

2. P. 109, n. 4. On sait que *Nomisma* vient de Νόμος, loi.

3. Il s'agit du texte qui sert de devise à la *Revue numismatique*. M. Bridrey y fait allusion, p. 108 et p. 235 ; il rappelle qu'Oresme expliquait la parole divine en disant que « ce qui appartient à César, ce ne sont pas les espèces, quoique marquées de son effigie, mais le tribut qu'elles doivent acquitter ». M. Babelon accepte cette interprétation (p. 15). Certes je ne méconnais pas la grande portée

domanial — dit M. Bridrey, mais où voit-on que les féodaux aient mis leur image sur la monnaie ? Seulement il est non moins vrai que, si le droit dont on se réclamait était, comme délégation de l'empereur, issu du droit régalien, il revêtait par suite de son morcellement un aspect nouveau : la monnaie, déchue de son caractère d'institution d'État, est soumise aux conditions régissant tous les produits du *domaine*.

2° Disposant de la monnaie comme avaient fait les empereurs, la détenant même d'une façon plus immédiate, plus stricte, à la façon d'un propriétaire plutôt que d'un despote, les féodaux, libres de lui assigner n'importe quel prix, l'ont-ils donc réduite à n'être plus qu'un *signe* ? M. Bridrey se le demande, mais à cette proposition nous refusons absolument de souscrire, ainsi que M. Babelon. Nous ne croyons pas que jamais, à aucune époque, la monnaie ait été un signe de convention : cela est contredit par son caractère essentiel.

Il arrive, dans une civilisation convenablement ordonnée, que la petite monnaie dite monnaie d'appoint soit plus ou moins fictive ; il arrive qu'à côté du numéraire se crée une monnaie fiduciaire additionnelle, tels nos billets de banque, nos effets de commerce, qui suppléent temporairement les espèces, mais toujours le métal précieux subsiste et gage en tout ou en partie la monnaie fiduciaire. La convention ne peut usurper en matière monétaire qu'une part limitée, et d'autant plus restreinte qu'il s'agit d'une civilisation moins avancée. Je ne vois nulle part sous le régime féodal cette stabilité législative, cette sécurité universelle des transac-

politique et sociale du « Rendez à César etc… », mais je crois qu'on aurait tort de négliger absolument une interprétation plus littérale et plus large à la fois par sa valeur morale. Nous dirons, abstraction faite de toute question confessionnelle, que le Christ, dans ce passage, dénonce la monnaie comme portant le signe de la puissance matérielle et enseigne aux hommes le mépris de cette pernicieuse richesse.

tions, cette « police » enfin, pour parler comme Bossuet, qui seules permettent à la monnaie fiduciaire de dominer les contrats.

M. Bridrey, soupçonnant ces objections, se ravise et n'accepte pas l'expression *monnaie-signe*, il adopte celle d'instrument *sans valeur*, qui revient à peu près au même. C'est la pression de l'arbitraire qui réduisit, nous dit-on, la monnaie à cet état. Le baron augmente ou diminue à son gré la quantité de fin des espèces, suivant son besoin plus ou moins pressant d'en tirer bénéfice; mais le fait même qu'il en tire bénéfice est exclusif du caractère conventionnel de l'objet. M. Bridrey appelle la monnaie un produit utile du domaine, et il voudrait qu'elle soit sans valeur propre ! Cela est contradictoire.

Aussi bien n'est-ce pas le droit de faire à son gré une monnaie quelconque, le *jus monetæ* que les chartes, authentiques ou apocryphes, concèdent aux barons, c'est la *moneta* en nature [1], c'est-à-dire le bénéfice d'une monnaie plus ou moins définie ; et cette *moneta* est souvent partagée entre plusieurs bénéficiaires : domanier, église, particulier même [2]. De ces divers concessionnaires, l'un seul met son nom sur la monnaie : celui qui possède le domaine où elle circulera, mais le produit existe pour tous indépendamment du droit de frappe, et, si l'on admettait que la monnaie est un signe dont le domanier peut faire ce qu'il veut, où serait la garantie du co-partageant ? La fabrication de la monnaie apparaît comme une affaire dont le plus gros intéressé a la direction ; il peut la mener avec prudence, il peut, au contraire, lui faire rendre le maximum d'intérêt, mais le capital existe :

1. M. Bridrey l'affirme lui-même (p. 107) mais tire de cette assertion d'autre conséquences.

2. A maintes reprises nous voyons le roi ou le seigneur assigner à quelqu'un une rente sur la fabrication monétaire.

c'est la matière précieuse qui est au fond de toute monnaie. Pas plus qu'on ne peut dire que le seigneur avait réduit la livre de pain à n'être qu'un signe, parce qu'il avait exigé trois fois plus de farine pour la livrer, on ne soutiendra que la monnaie, même taxée au plus haut prix, cessait d'avoir une valeur intrinsèque.

De fait nous voyons que, dans les contrats de l'époque, aussi bien que dans l'octroi de la fabrication aux monnayeurs, la « matière » de la monnaie est toujours spécifiée en bonne place. On prétend que le seigneur pouvait frapper monnaie dans une matière vile, mais on n'en cite aucun exemple : jamais il n'a frappé monnaie autrement que dans le métal qui était la matière précieuse courante à l'époque, l'argent plus ou moins corrompu d'alliage, et le denier, même féodal, même un peu inférieur au bon denier du roi, a conservé au temps de l'ordonnance de 1315 une part notable d'argent fin. Ainsi l'idée d'une *monnaie sans valeur* intrinsèque est à rejeter.

3° Pour compléter par une notion positive sa définition, M. Bridrey fait intervenir la *monnaie-mesure*. A l'époque féodale, dit-il, la monnaie étant sans valeur intrinsèque ne saurait être ni échangée comme marchandise, ni thésaurisée comme capital ; elle n'a d'autre rôle que celui de servir de commune mesure entre deux objets, sur le pied fixé par le prince ; le troc effectué, elle disparaît et retourne au prince. Elle est comparable à la toise avec laquelle on mesure les longueurs et dont la dimension est imposée par l'autorité, elle n'a pas plus de réalité concrète.

Telle était, nous dit-on, la seule notion théorique de la monnaie chez les penseurs du moyen âge. Dans leurs définitions, peut-être ! Mais, quand on voit le canon d'Innocent IV affirmer que la monnaie devrait valoir sous forme de pièces autant que le lingot dont elle se compose, que celle qui ne réalise pas ces conditions est une *defraudata moneta*, et que tous les efforts doivent tendre à l'y ramener, on serait malvenu à soutenir que la monnaie réelle et concrète ne hante pas l'esprit des canonistes. Les romanistes ne parlent pas autrement. Seuls, les Aristotéliciens ont développé complaisamment la théorie de la monnaie-mesure, même de la monnaie-signe [1], et il se trouve précisément que cette école, jusqu'à Oresme, s'étant toujours tenue dans les généralités, n'a rien moins étudié que la pratique monétaire [2].

J'irai plus loin, et je soutiendrai qu'à aucune époque la monnaie réelle n'apparaît à l'historien aussi distincte de la monnaie-mesure qu'au moyen âge. Question de mots, si l'on veut! Cependant, c'est chez nous, dans notre civilisation, que la monnaie sert directement de mesure aux valeurs; tous les prix des choses, des redevances, se traduisent en francs, et le franc dont il s'agit est la subdivision nettement définie d'une pièce concrète, le louis d'or. Dans le monde féodal au contraire, la mesure des valeurs n'était pas donnée par le numéraire, mais par la monnaie de compte. Tous les prix s'exprimaient en livres, sous et deniers ; la monnaie réelle, pour entrer en jeu, devait elle-même se traduire en fonction de livres, sous et deniers, et c'est seulement par l'intermédiaire de ce compte qu'elle mesurait le prix des objets ou des rentes. Loin d'être une mesure, un chiffre, elle apparaît comme *une chose* dont le seigneur fixait, comme pour toutes choses, le prix en monnaie de compte [3].

1. *Nomisma a nomine* : la monnaie n'est qu'un nom.

2. M. Bridrey, d'un mot plaisant, appelle Oresme le représentant d'Aristote auprès de Charles V (p. 450).

3. La monnaie est une chose dont l'autorité a le droit de fixer le prix comme pour toute chose, telle est la thèse développée par Brantz, *Théories économiques*, et que M. Bridrey cite en note (p. 148, n. 5).

4° Que du fait de cette taxation l'usage de la monnaie constituait dans le monde féodal une forme d'*impôt*, c'est ce que toutes nos explications laissent entendre suffisamment. M. Bridrey, quoiqu'il le dise à chaque page, n'a pas formulé assez vigoureusement ce caractère essentiel, qu'a très bien vu au contraire M. Babelon. Le droit de monnaie est incertain dans le monde féodal ; il ne se justifie pas *a priori* en tant que domanial, puisqu'il est attaché à certains domaines et pas à certains autres ; il résulte de l'usage, il s'appuie sur une concession, vraie ou supposée, de l'empereur ou du roi carolingien ; mais ce qui est absolument certain, c'est le droit, pour ceux qui ont la monnaie, de l'exploiter comme un impôt.

La monnaie ne servait pas, comme chez nous, à payer l'impôt; elle était imposée elle-même, c'est-à-dire soumise comme tous les objets en nature à un droit de préemption ; l'impôt sur la monnaie est une forme de l'impôt en nature. De même qu'il existe en droit une limite infranchissable entre l'impôt établi sur un objet et la confiscation de cet objet, de même le seigneur, s'il a le droit de faire varier la quotité de ce qu'il prélève sur le lingot à convertir en espèces, ne peut le retenir tout entier, car alors l'opération ne serait plus une redevance mais une saisie.

Seulement, en fait, c'est de la confiscation qu'on se rapprochait; la retenue sur le blé n'empêchait pas les champs de produire l'année suivante d'aussi belles moissons, tandis que la hausse des prix s'aggravait à chaque prélèvement de numéraire. C'est une loi constante qu'une monnaie avilie ne peut se relever sans de gros sacrifices et un énergique effort de l'autorité; aussi, en dépit des actes de sagesse isolés, le denier allait toujours diminuant de valeur intrinsèque : A. de Barthélemy, M. Babelon et tous les numismates ont été frappés de cette constatation.

Si M. Bridrey — que nous remercions sincèrement pour tant d'idées dont il provoque la discussion — n'a pas assez clairement dégagé à notre sens le caractère dominant de la monnaie de cette époque, qui est celui de monnaie-impôt, en revanche son grand mérite est d'avoir montré que ce mécanisme était parfaitement adapté à la société qui le vit fonctionner. Trop d'historiens ou de numismates d'ailleurs éminents ont cru devoir remplacer le jugement par des invectives aux puissants d'alors [1]. M. Bridrey montre que l'impôt, tel que nous le comprenons, était étranger à la conception féodale ; il fallait pourtant qu'on le remplaçât par un équivalent et que le seigneur, qui détenait la puissance publique, se procurât des ressources. Les mutations étaient entrées dans les mœurs ; le caractère fermé de la seigneurie, l'importance laissée aux prestations en nature, l'absence d'industrie s'en accommodaient, et nous voyons que, si les peuples aussi bien que les doctes protestèrent contre les abus qui en furent faits, — aussi bien protestons-nous contre les impôts dont on nous charge, — ils ne nièrent jamais, en pleine féodalité du moins, la légitimité du principe. D'aucuns même vantaient les mutations comme une taxe facile à percevoir et pesant sur toutes les classes en proportion de la richesse de chacun, tant il est vrai que le moins tyrannique des impôts est celui auquel on est habitué !

Mais le grand tort du régime féodal fut de se survivre à soi-même. Quand l'horizon social s'étendit au delà des bornes de la seigneurie, que le commerce s'élargit jusqu'à devenir international, le mal causé par les mutations parut évident et les protestations surgirent de toutes parts

1. Voir p. 122, n. 2, quelques exemples du ton fâcheux trop souvent adopté par les historiens.

jusqu'à déconsidérer un système dont les historiens d'aujourd'hui ont la plus grande peine à retrouver la raison d'être en le replaçant dans son cadre.

Ce cadre lui-même s'est modifié avant d'éclater tout à fait. Ce n'est pas sans transition que de régalienne la monnaie est devenue féodale et que de féodale elle est redevenue régalienne, entre les mains des rois de la troisième dynastie. Ni dans le livre de M. Bridrey, ni dans celui de M. Babelon, on ne trouve résumés les divers états par lesquels a passé la monnaie féodale ; mais de nombreux travaux et notamment ceux publiés par la *Revue numismatique* depuis sa fondation comblent cette lacune [1].

Un objet d'impôt, voilà ce que la monnaie a été tout le temps de la période féodale. Les autres caractères ont varié. Au début la monnaie restait quand même régalienne ; le monopole et les bénéfices de la fabrication étaient tout ce que les rois carolingiens eussent concédé, les barons devant continuer à frapper au nom du roi, seigneur éminent. Et ainsi font-ils d'abord ; moitié par respect pour le prestige de l'autorité royale disparue, moitié par égard pour les trafiquants dont il eût été imprudent de bouleverser du jour au lendemain les habitudes, les monnaies de Charles et de Louis sont émises longtemps après l'extinction de la dynastie. C'est la première époque du monnayage féodal.

Vint le jour où le seigneur substitua son nom ou son monogramme au nom et au monogramme du roi traditionnel : cette seconde période va jusqu'au règne de saint Louis. C'est l'apogée du monnayage féodal ; il a perdu tout caractère régalien ; il est tombé dans le domaine. Mais la force

1. Cf. M. Prou, *Esquisse de la politique monétaire des premiers Capétiens*, dans *Entre Camarades*, recueil publié par les anciens élèves de la Faculté des lettres de Paris, 1901.

des droits acquis et le caractère propre de toute monnaie, qui s'oppose à son émiettement, continuent de l'interdire aux petits domaniers : en quoi les seigneurs monnayers donnaient une entorse au droit féodal puisqu'ils contraignaient leurs vassaux à recevoir sur leur domaine une monnaie venue de l'extérieur.

Aussi voyons-nous que saint Louis tira parti de cette circonstance pour imposer à ses grands vassaux sur leur domaine la circulation de sa monnaie, la nouvelle monnaie royale des tournois et des parisis, à côté de la leur. La hiérarchie féodale est ainsi restaurée, mais la monnaie du seigneur éminent tend à absorber les autres, à redevenir peu à peu régalienne. C'est la troisième époque du monnayage féodal. La concurrence du numéraire royal fait aux espèces seigneuriales un tort irréparable et peu à peu elles disparaissent, même sans interdiction, faute de profit [1] ; ailleurs, le roi rachète les droits des féodaux à court d'argent ; enfin, à mesure qu'il réunit à la couronne les fiefs du royaume, il éteint les droits monétaires qui y étaient attachés [2].

Alors les temps sont mûrs, et les légistes proclament qu'au roi seul appartient le droit de monnaie, comme étant le seul seigneur indépendant en sa terre. Soit comme attribut essentiel de la dignité royale, soit par suite d'une délé-

1. A condition que le roi ne laissât pas circuler au taux de sa monnaie des espèces d'aloi inférieur. M. Babelon (p. 47, n. 1) a réuni un certain nombre de textes dans lesquels, dit-il, le roi interdit aux féodaux de frapper à un titre moins bon que le sien. Il cite Alfonse de Poitiers, qui taillait ses monnaies *ad legem et pondus et numerum turonensium* : cependant saint Louis défend à son frère de continuer même à cette condition, s'il ne modifie pas le type. Les autres textes sont plus concluants, mais en pratique la monnaie meilleure que celle du roi ou même égale, n'ayant pas les mêmes avantages de circulation, était fondue. Le plus souvent, la monnaie seigneuriale était un peu inférieure et taxée en conséquence.

2. Ils ne furent pas rendus avec les apanages. Au temps de la folie de Charles VI, Jean Sans Peur se fit octroyer les bénéfices de la Monnaie de Dijon, tout en continuant à frapper au nom du roi ; et Philippe le Bon eut le même privilège à Amiens et à Saint-Quentin : c'était le premier pas fait dans la voie d'un nouveau démembrement, mais le roi ressaisit sa prérogative.

gation fictive de l'empereur, cet héritier des Césars, la monnaie régalienne est restaurée (XIVe siècle).

M. Babelon omet tout cela, mais son plan n'était pas d'entrer dans l'examen de la politique royale, qu'il exécute un peu sommairement. Quant à M. Bridrey, il paraît croire que le roi, jusqu'à l'époque de Charles V, n'exerça point le droit monétaire avec d'autres procédés que les féodaux, même en les aggravant ; sous ce titre, « la Monnaie féodale », il vise tous les errements de la monnaie royale jusqu'au XIVe siècle. Il ne fait d'exception que pour saint Louis, à qui il reconnaît le mérite d'avoir interrompu la tradition des altérations monétaires.

Quand saint Louis créa l'écu d'or et les gros tournois, il rompit ouvertement avec la petite fabrication à courte vue de la féodalité et ouvrit une ère nouvelle au grand commerce. Cependant saint Louis, s'il s'est abstenu de précipiter la décadence du denier, n'a pas restauré le denier fin, ce qui était impossible ; il ne s'est pas non plus interdit sur les monnaies un bénéfice allant jusqu'à 8 0/0. L'innovation consistait à instituer, au-dessus du denier normalement altéré (au tiers de fin) et destiné à s'altérer encore, une monnaie d'argent fin, le gros, ainsi qu'une monnaie d'or, dont le roi se réservait la fabrication exclusive, et il faut dire à la décharge de Philippe le Bel et de ses trois fils que ces espèces, créées pour une circulation étendue, restèrent par leur valeur intrinsèque d'excellentes monnaies jusqu'au début de la guerre de Cent ans. A cette règle il n'y eut pendant soixante-dix ans (1266-1336) que de courtes exceptions [1].

1. Philippe le Bel altère la masse d'or en 1296, mais renonce vite à altérer l'or. Quant à l'argent, la fabrication des gros affaiblis de 1303 à 9 d. n'a été qu'un événement passager, et il est inexact de dire que le titre des gros tournois de Philippe le Bel est de 9 deniers (Bridrey, p. 163). Philippe le Bel n'a altéré sérieusement que les deniers (sous la forme des doubles et des bourgeois). — Cf. nos études parues dans le *Moyen-Age* (1905) et la *Rev. num.* (1907), reproduites dans nos *Mélanges numism.* (1909).

Assurément le mal parut à côté du bien. Saint Louis, en activant la circulation monétaire, n'avait pu augmenter un stock de métal qui, par l'insuffisance des mines, alla toujours se resserrant. Les espèces supérieures eurent dans les moments difficiles leurs cours surélevés dans des proportions effroyables, précisément parce que les gros et les monnaies d'or, en raison de leur excellence, furent thésaurisés par les changeurs ; mais, à la faveur de ces excès, une notion nouvelle s'introduisait dans la société, celle d'une monnaie-capital, notion indispensable à toute civilisation développée et qui avait manqué au monde féodal. La coexistence de deux métaux donna lieu à une spéculation effrénée, les rois comme les changeurs jouèrent sans scrupule du rapport de l'argent à l'or ; mais le fait d'avoir créé une monnaie de ce métal délaissé constituait pour les hautes relations commerciales un progrès, et l'on ne saurait dire si le mouvement des métaux précieux dans ses oscillations les plus inquiétantes nuisit aux autres échanges, ou si au contraire il ne leur créa pas des débouchés.

C'est une théorie aujourd'hui reconnue, que les hardiesses de la spéculation sont parfois nécessaires pour lancer le commerce et l'industrie dans des voies nouvelles, comme l'hypothèse est nécessaire à la science, et le malheur des temps a seulement voulu que l'agio, qui aujourd'hui s'exerce de préférence sur le papier, atteignît directement le numéraire, en l'absence d'un étalon réel de la monnaie [1].

1. De même le changement de taxation de la monnaie royale, généralement annoncé à l'avance il faut le reconnaître, est comparable à une conversion de rente qui se ferait sous forme de réduction de la valeur intrinsèque du numéraire. — « La diminution d'aloi, dit fort justement M. Bridrey, est dans une certaine mesure un phénomène inévitable, conséquence nécessaire du passage à une vie économique plus intense, où il fallait multiplier le numéraire. Au moyen âge, lors du passage d'une économie agricole à une économie commerciale, la transition fut particulièrement pénible parce que le resserrement monétaire coïncida justement avec le développement de l'activité commerciale. »

D'autre part, le peuple, qui pour ses échanges quotidiens ne connaissait que le denier, cet héritier de la monnaie féodale, eut lieu de se plaindre. Car le denier [1], qu'aucune limitation de son pouvoir libératoire ne mettait à l'abri des fluctuations de l'argent, qui de plus supporta tout le poids des altérations intrinsèques, fut fort maltraité dans cette période, et si d'aventure le roi en émettait dont l'aloi de fin dépassât tant soit peu l'ordinaire, ils étaient cueillis par la spéculation, fondus, exportés. Ainsi le peuple se trouvait condamné à l'usage d'une monnaie trop souvent déplorable.

Enfin les grands excès, les mutations multipliées et contradictoires, qui n'épargnèrent aucune espèce, commencent avec les désastres de la guerre de Cent ans. Ce sont Philippe de Valois et Jean le Bon qui ont interrompu la tradition de la royauté dans ce qu'elle avait de salutaire. Alors les procédés renouvelés de la féodalité s'aggravent par leur répercussion : plus le territoire est étendu, plus il est difficile de faire rentrer le numéraire pour le refondre ; et moins le roi y gagne, plus il s'acharne à ce jeu ; des cours libres s'établissent malgré l'autorité, qui devient tracassière et tyrannique. Devant les embarras de la royauté, dont l'existence est mise en cause, les réclamations deviennent plus pressantes, plus acerbes, des tribuns comme Étienne Marcel font valoir les revendications des mécontents.

A cette époque vivait un théoricien de haute valeur[2], élevé à l'école d'Aristote, Nicole Oresme, qui, en même temps qu'il étudiait le problème en philosophe, paraît avoir été mêlé aux événements politiques et avoir joué un rôle aux États-Généraux. Le premier au moyen âge, Nicole

1. Ou le double, plus généralement frappé dans les périodes de mauvaise monnaie.

2. Ici nous recommençons à analyser M. Bridrey.

Oresme expose sur la monnaie une théorie suivie. Il donne de son origine, de son caractère, de son rôle dans la société des définitions motivées, dont il emprunte l'idée fondamentale à Aristote, mais qu'il développe avec originalité en les appliquant à la situation présente.

La monnaie métallique étant par l'intermédiaire de la monnaie de compte une mesure des valeurs, il est nécessaire qu'elle demeure droite et stable, aussi bien en quantité de fin qu'en équivalence de cours. Aussi Oresme réprouve les mutations, ou du moins les mutations faites en vue d'un profit. Il ne se contente plus d'en dénoncer l'abus, comme les canonistes au nom de scrupules religieux, ou comme les romanistes à cause des infractions au droit qu'elles ont pour conséquence ; il en condamne le principe comme contradictoire à l'idée de monnaie. Un numéraire qui ne porte pas, d'une façon constante, l'indice de sa valeur intrinsèque et qui a besoin d'être pesé et touché, n'est plus une monnaie.

La monnaie est une sorte de marchandise ayant sa valeur propre, qui ne saurait être arbitrairement changée. Or si ce caractère de marchandise, inhérent à toute monnaie, n'avait pas aussi complètement disparu que le croit M. Bridrey, il est certain toutefois qu'il avait besoin d'être proclamé et remis en honneur.

Comme mesure des valeurs, la monnaie a été instituée pour l'utilité commune ; comme richesse, elle est la propriété de tous et appartient à l'homme au même titre que son travail. Elle n'est pas la chose du prince, mais le prince a pour mission de la gérer au nom de la communauté. Cette communauté, c'est le royaume, et le prince en question ne peut être que le roi ; les féodaux n'ont aucun droit monétaire ; mais le roi lui-même ne crée pas la valeur de la monnaie, il la certifie et doit, autant que possible, en rapprocher la valeur légale de la valeur réelle du lingot. La communauté a un droit de contrôle et peut, si elle le juge à propos, retirer au prince sa confiance.

C'était là une idée singulièrement nouvelle, car si Innocent IV, dans ses canons, avait parlé d'une consultation populaire, cette proposition mal motivée était restée en l'air, sans appuis logiques, et, quant aux romanistes dont l'argumentation y avait tendu, ils avaient trouvé tout de suite dans une fiction, celle de l'héritage du peuple romain légué à l'empereur, le motif d'abdication [1]. M. Babelon rappelle que Philippe-Auguste, en concédant les chartes de commune de Roye, de Crépy et de Saint-Quentin, avait promis de ne pas muer sa monnaie sans le consentement des bourgeois [2] : concession illusoire, puisqu'il ne fut ouvert d'atelier royal dans aucune de ces trois villes, et qui fait l'effet d'une clause traditionnelle dépourvue de sanction. Quant au droit de monnaie exercé par les communes elles-mêmes, en Flandre par exemple, il n'était pas autrement défini que le droit féodal, et la commune se comportait, dans ce cas, comme une véritable seigneurie.

Mais, au milieu du XIVe siècle, à l'époque de la guerre de Cent ans et des États-Généraux, la question prenait une autre importance. Animés de l'esprit révolutionnaire, les États ne concédèrent une aide au roi que dans l'intérêt expressément spécifié du royaume, et à condition que des patrons de la nouvelle monnaie seraient déposés entre les mains des notables. Puis, à plusieurs reprises, les États exigent une monnaie droite, le gouvernement s'y prête de mauvaise grâce, et, quand enfin l'essai a duré quelques mois, les circonstances sont si défavorables que les États eux-

1. Bridrey, p. 424.
2. Babelon, p. 54.

mêmes, qui en ont endossé la responsabilité, doivent renoncer à la réforme.

Cette tentative de contrôle parlementaire resta sans lendemain ; Charles V ressaisit le pouvoir absolu, mais la restauration de l'idée de monnaie dans toute sa pureté et sa dignité sociale ne fut pas stérile. En fait, Charles le Sage avait compris la leçon : il fit siennes quelques-unes des meilleures idées d'Oresme, et celui-ci le seconda dans l'établissement d'une monnaie droite et stable.

Il fallait :

1° Mettre autant que possible l'échelle des espèces en harmonie avec la monnaie de compte, pour qu'à chaque unité de compte correspondît une monnaie réelle. Cela n'avait jamais été aisé, parce que le compte était double, parisis ou tournois, suivant les cas et suivant les provinces. Du moins on ne vit plus le roi, comme Philippe le Bel, lors de l'émission des bourgeois, profiter de la dualité du système pour créer l'équivoque et fausser les cours par ce moyen.

2° Donner aux monnaies d'or et d'argent un cours légal correspondant à la valeur respective des deux métaux, et non comme auparavant, aux exigences du trésor. Le rapport de l'or à l'argent étant variable, il peut devenir nécessaire d' « ajuster » à nouveau l'or et l'argent. C'est un cas de mutation permise, et il en fut pratiqué une pour ce motif sous Charles V, en 1365 ; on choisit parmi les différentes sortes de mutations la *mutatio in pondere*, la plus facile à reconnaître, surtout si on l'accompagne d'un changement de type. Les numismates savent que les rois précédents négligeaient de rendre la diminution de poids visible à l'œil, mais ils marquaient les altérations d'aloi par des différents.

3° L'or ne doit être employé que pur ; l'argent peut se

billonner pour l'usage courant, sans préjudice des bonnes monnaies d'argent fin. M. Bridrey dit qu'en 1360 on ne connaissait plus d'argent fin depuis un demi-siècle [1] ; il aurait dû dire : depuis vingt-cinq ans. Quant à l'or, il fut toujours moins éprouvé que l'argent [2].

D'une façon générale, les pratiques que recommande Oresme, et dont M. Bridrey lui rapporte tout l'honneur, n'étaient qu'en partie nouvelles, et n'étaient tout à fait tombées en désuétude que depuis le commencement de la guerre de Cent Ans : Oresme eut le mérite d'y revenir, de les compléter et de les codifier.

Enfin, ce qui était absolument nouveau, un principe fondamental devait tout dominer : ne tirer de la monnaie qu'un droit de seigneuriage tempéré, couvrant le prince de ses frais, assez large seulement pour que, si le prix des métaux varie, l'émission du numéraire ne devienne pas une charge. Ici Nicole Oresme, en proscrivant le mal, avait négligé d'indiquer le remède. Nous savons que pour la royauté, pas plus que pour les féodaux, il n'existait d'impôt permanent ; or, en présence d'une administration et d'une justice de plus en plus compliquées, en face des guerres à soutenir, comment la royauté se serait-elle procuré des ressources, sinon en faisant « travailler » les monnaies ? Les peuples se plaignaient, mais l'idée d'une taxe permanente destinée à supprimer les abus du monnayage, l'idée d'un impôt au sens moderne n'entrait pas dans les mœurs. Les quelques tentatives poursuivies dans ce sens restèrent isolées [3] : les mutations paraissaient un moindre mal. Nicole Oresme qui, à les envisager comme mode de per-

1. Bridrey, p. 524.

2. Il sera très altéré dans la première partie du règne de Charles VII.

3. Les taxes de monéage avaient été assez répandues dans le haut moyen âge ; au XIVe siècle, après tant d'épreuves subies, elles n'inspiraient plus que la méfiance.

ception, les eût acceptées et ne les réprouvait que du point de vue strictement monétaire, n'était pas partisan des impôts proprement dits, qu'il appelait du vieux nom romain des « exactions », et ainsi tout son système n'aboutissait qu'à une impasse, car il n'estimait pas que le peuple fût tenu de racheter le droit de mutation.

Charles V usa d'un moyen détourné. Il profita de ce que l'aide ou impôt extraordinaire était dû pour la rançon du roi Jean, cas prévu par le droit féodal, et il en prolongea la levée outre mesure, jusqu'à la fin du règne ; il créa ou restaura d'autres taxes très impopulaires, gabelle, fouage ; il eut recours à l'emprunt forcé, et, en dépit de tout, soit à cause des vices de la perception, soit qu'il voulût se constituer une réserve, soit à cause de la guerre qui avait recommencé, il fut toujours gêné.

Au moins, sa monnaie fut bonne, mais au prix de quels efforts ! Les difficultés qu'il rencontra furent innombrables : M. Bridrey les a finement analysées. Attachement des populations à leurs habitudes de méfiance invétérée, mauvais vouloir des monnayeurs dont on venait limiter les profits, inconvénient d'une trop forte monnaie au milieu d'états qui presque tous en frappaient de mauvaise, et exode du numéraire qui s'ensuivit, tout était conjuré contre le bon vouloir du roi. Le prix du marc, en dépit d'une fabrication irréprochable, monta sans discontinuer, de 1360 à 1375 [1], et se maintint à ce haut cours jusqu'en 1380.

1. On voit par cet exemple que la hausse du prix du marc n'avait pas pour cause obligée, comme certains l'ont cru, comme je l'ai dit moi-même, une altération effective des espèces fabriquées. Chose curieuse, on ne trouve pas non plus de concordance avec les recrudescences de troubles et les faits de guerre ! Un phénomène est à noter, que la crue commence toujours par l'hôtel des monnaies de la frontière continentale (Tournai) : elle est donc bien l'effet des spéculations sur le change international. Enfin cette proportion de 1/5 en sus peut, par comparaison, représenter le minimum de ce qu'on attribuera sous Philippe le Bel, lors de la grande hausse, aux influences de pure spéculation.

Ainsi la réforme restait on ne peut plus précaire. Oresme n'avait préconisé aucun remède radical pour asseoir sur des bases solides l'organisation financière du royaume. Il se contentait de prêcher la sagesse ; il eut en Charles V un adepte convaincu. Mais viennent de nouveaux orages ; l'invasion étrangère et la guerre civile réduiront à néant les mesures restrictives de l'abus, le système croulera une fois de plus.

Trois événements seront nécessaires pour sortir des difficultés au milieu desquelles s'était débattu l'élève d'Aristote : 1° la création d'un impôt permanent que les peuples consentiront à accepter, dans la seconde partie du règne de Charles VII ; — 2° la découverte de l'Amérique et de ses mines qui donnera au vieux monde le métal dont il a besoin ; — 3° la création d'une monnaie d'appoint en partie conventionnelle, distincte de la monnaie internationale, et dont l'autorité réussisse à limiter la circulation. Cette dernière réforme n'a pu être réalisée pleinement que de nos jours [1].

A. DIEUDONNÉ.

1. Nous rappelons que nous sommes loin d'avoir épuisé, dans ce compte rendu, tous les aspects du livre de M. Bridrey. Nous n'avons rien dit des savantes discussions qu'il renferme sur les manuscrits d'Oresme, et nous recommandons aux numismates l'exposé détaillé des émissions de Charles V.

MACON, PROTAT FRÈRES, IMPRIMEURS

MACON, PROTAT FRÈRES, IMPRIMEURS

www.ingramcontent.com/pod-product-compliance
Lightning Source LLC
LaVergne TN
LVHW010257230826
846091LV00007B/3014

* 9 7 8 2 0 1 2 8 7 5 4 2 5 *